Todos los libros de Linkgua Ediciones cuentan con modelos de Inteligencia Artificial entrenados por hispanistas. Pregúntale al chat de tu libro lo que desees acerca de la obra o su autor/a.

Para **ebooks**: Accede a nuestro modelo de IA a través de este enlace.

Para **libros impresos**: Escanea el código QR de la portada con tu dispositivo móvil.

Obtén análisis detallados de nuestros libros, resúmenes, respuestas a tus preguntas y accede a nuestras ediciones críticas generativas para una experiencia de lectura más enriquecedora.
La transparencia y el respeto hacia la autoría de las fuentes utilizadas son distintivos básicos de nuestro proyecto. Por ello, las respuestas ofrecen, mediante un sistema de citas, las fuentes con las que han sido elaboradas.

Leandro Fernández de Moratín

Lección poética

Barcelona 2024
Linkgua-ediciones.com

Créditos

Título original: Lección poética.

© 2024, Red ediciones S.L.

e-mail: info@Linkgua-ediciones.com

ISBN rústica: 978-84-9816-817-4.
ISBN ebook: 978-84-9897-967-1.

Sumario

Brevísima presentación

La vida
Leandro Fernández de Moratín (Madrid 1760-París 1828).
España.
Era hijo del escritor Nicolás Fernández de Moratín y se formó en su círculo literario. Tras la guerra de Independencia se exiló en París por sus ideas afrancesadas. Viajó mucho y adquirió una amplia cultura, además del dominio de varias lenguas que le permitió traducir algunas obras teatrales al castellano. Murió en París en 1828.

Lección poética

Sátira contra los vicios introducidos en la poesía castellana
Impresa por la Real Academia Española por ser entre las
presentadas la que más se acerca a la que ganó el premio.
Su autor

Don Melitón Fernández
(Leandro Fernández de Moratín)

Madrid, 1782.

On sera ridicule, et je n'oserai rire?
BOILEAU, Satire 9.

Nota de Moratín, 1782
Cuanto se censura en esta obra va apoyado en la autoridad
de los mejores maestros y en la práctica de los buenos poe-
tas de nuestra nación y de las extrañas. Si recayese nuestra
crítica sobre alguno de los poetas clásicos, nadie crea que
aspiramos a oscurecerlos; antes bien, desearíamos que se
hiciese el justo aprecio de sus obras para que, no admirán-
dolas ciegamente, conozca la estudiosa juventud los errores
que hay en ellas y sepa distinguirlos de tantos aciertos que
adquirieron a sus autores la estimación pública. Para los
menos instruidos sería necesario llenar las márgenes de citas
que ocuparían tanto como toda la obra; por evitar esto se
notarán solamente los autores de algunos versos que, por

defectuosos en el pensamiento o locución, se han copiado a la letra.

Nota de Moratín

Edición de París, 1825

Esta sátira, que publicó la Academia Española en el año 1782 y reimprimió después en la colección de obras premiadas, ha sido posteriormente corregida por el autor para darla de nuevo a la prensa.

Divídese en ella la poesía en sus tres géneros principales: lírico, épico y dramático, prescindiendo de los demás en que éstos pueden subdividirse. Así logró el autor hacer más metódico y perceptible el plan de su obra, reduciéndole a lo que el poeta canta en la exaltación de su fantasía y de sus afectos, a lo que refiere, celebrando los héroes y los grandes sucesos que le dicta la historia; y a lo que enseña, poniendo en el teatro una imagen de la vida, copiando los vicios ridículos o terribles, para inspirar en el ánimo el amor a la verdad y a la virtud.

En la lírica, después de hablar de los argumentos triviales y de ningún interés, censura los vicios de estilo, las metáforas violentas, la exageración, la redundancia, los conceptos falsos, los juegos de palabras, los equívocos y retruécanos. Culpa la perjudicial manía de componer de repente, y la de solicitar el aplauso del vulgo con bufonadas y chistes groseros que desacreditan a su autor y a quien los celebra. Desaprueba en los poetas antiguos el uso destemplado de voces y frases latinas, de que resulta un estilo afectado y pedantesco, aludiendo particularmente a las obras de Góngora, Villamediana y Silveira; y en los modernos la mezcla absurda de los arcaísmos con palabras, acepciones y locuciones francesas que, alterando la sintaxis de nuestro idioma, destruyen por consiguiente su pureza y su peculiar elegancia.

En la épica se hace cargo de dos defectos muy considerables: falta y exceso de ficción. Del primero resultan epopeyas lánguidas, o más bien historias en verso, sin artificio alguno poético, y por consecuencia sin interés ni deleite. Por el segundo, la fábula épica se confunde en una multitud de incidentes episódicos que alteran la unidad, turban el progreso del poema, y cuando en ellos se abusa de lo maravilloso, hacen su narración increíble. Por las indicaciones que da el autor en esta materia se infiere que consideró como faltos de invención los poemas de La Araucana de Ercilla, la Mexicana de Gabriel Laso, la Nueva México de Villagrán, y la Austríada de Juan Rufo; y de imperfectos, por el extremo contrario, el Bernardo de Balbuena y Las lágrimas de Angélica de Luis Barahona de Soto. Extiende su crítica a las menudencias pueriles que degradan la sublimidad de la epopeya, a las imágenes repugnantes en las descripciones de las batallas, a los extravíos de la fantasía, y a la inoportuna erudición. Reprueba los gigantes, vestiglos, dragones, estatuas que hablan (y en esto se censuró el autor a sí mismo), carros aéreos, globos y espejos encantados, y otras invenciones derivadas de los libros caballerescos, que ya no sufre la filosofía de nuestra edad y exceden los límites de toda licencia poética.

En la dramática acusa el autor a nuestros antiguos poetas de haber confundido los dos géneros trágico y cómico, de la inobservancia de las unidades, de la ignorancia de usos y costumbres, de haber aplicado al teatro los argumentos épicos, de no haber dado a sus fábulas un objeto moral o de instrucción, adulando los vicios groseros del vulgo, o recomendando los de otra clase más elevada como acciones positivamente laudables. No olvida tampoco las impertinentes chocarrerías de los llamados graciosos, el culteranismo de damas y galanes, los puñales fatídicos, apariciones de espectros, princesas desfloradas, rondas, escondites, cuchilladas, falso pundonor, lances (mil y mil veces repetidos) de la cinta, de la flor, del retrato, que dan ocasión a tan alambicados conceptos; y el voluntario y trivial desenlace con que finalizan aquellas enmarañadas fábulas. Las comedias de magia, de santos y diablos, y las de asuntos y personajes mitológicos (último exceso del error), merecieron también la desaprobación del poeta.

Al leer la presente composición, debe considerarse que la Academia solo pidió a los aspirantes al premio una sátira, no un riguroso poema didáctico. Juan de la Cueva escribió en verso (con poco método, redundancia, desaliño, y no segura crítica) una compilación de preceptos relativos al arte de componer en poesía. Los franceses tienen en su lengua la excelente poética de Boileau; nos falta en España un poema semejante, y mientras no aparece, solo la Lección poética puede suplirle.

Sátira contra los vicios introducidos en la poesía castellana

Apenas, Fabio, lo que dices creo,
Y leyendo tu carta cada día,
Más me confunde cuanto más la leo.
¿Piensas que esto que llaman poesía,
Cuyos primores se encarecen tanto,
Es cosa de juguete o fruslería?
¿O que puede adquirirse el numen santo
Del dios de Delos a modo de escalada,
O por combinación o por encanto?
Si en las escuelas no aprendiste nada
Si en poder de aquel dómine pedante
Tu banda siempre fue la desgraciada,
¿Por qué seguir procuras adelante?
Un arado, una azada, un escardillo
Para quien eres tú fuera bastante
De cólera te pones amarillo;
Las verdades te amargan, ya lo advierto;
No quieres consultor franco y sencillo.
Pues hablemos en paz, que es desacierto
Desengañar al que el error desea:
Vaya por donde va, derecho o tuerto.
Dígote, en fin, que es admirable idea
En tu edad cana acariciar las Musas,
Y trepar a la fuente pegasea.
Pues si el aceite y la labor no excusas
Y prosigues intrépido y constante,
En ti sus gracias lloverán infusas.
Los conceptillos te andarán delante,
Versos arrojarás a borbotones,

Tendrás en el tintero el consonante.
¡Qué romances harás, y qué canciones!
¡Y qué asuntos tan lindos me prometo
Que para tus opúsculos dispones!
¡Qué gracioso ha de estar, y qué discreto,
Un soneto al bostezo de Belisa,
Al resbalón de Inés otro soneto!
Una dama tendrás, cosa es precisa;
Bellísima ha de ser, no tiene quite,
Y llamarásla Filis o Marfisa.
Dila que es nieve cuando más te irrite:
Nieve que todo el corazón te abrasa,
Y el fuego de tu amor no la derrite.
Y si tal vez en el afecto escasa,
Pronuncia con desdén sonoro hielo;
Breve disgusto que incomoda y pasa.
Dirás que el encendido Mongibelo
De tu pecho, entre llamas y cenizas,
Corusca crepitante y llega al cielo.
Si tu pasión amante solemnizas,
No olvides redes, lazos y prisiones,
En donde voluntario te esclavizas.
Pues si el cabello a celebrar te pones,
Más que los rayos de Titán hermoso,
¡Qué mérito hallarás, qué perfecciones!
Dila que el alma, ajena de reposo,
Nada golfos de luz ardiente y pura,
En crespa tempestad del oro undoso.
Llama a su frente espléndida llanura,
Corvo luto sus cejas, o suaves
Arcos, que flecha te clavaron dura.
Cuando las luces de su Olimpo alabes,

Apura, por tu vida, en el asunto
Las travesuras métricas que sabes.
Di que su cielo, del cénit trasunto,
Dos soles ostentó por darte enojos,
Que si se ponen, quedarás difunto.
Y al aumentar tu vida sus despojos,
Se lava el corazón; y el agua arroja
Por los tersos balcones de los ojos.
Y tu amor, que en el llanto se remoja,
En él se anega, y sufre inusitados
Males muriendo, y líquida congoja.
Di que es pensil su bulto de mezclados
Clavel y azahar, y abeja revolante
Tú, que libas sus cálices pintados.
La boca celestial, que enciende amante
Relámpagos de risa carmesíes
Alto asunto al poeta que la cante,
Hará que en su alabanza desvaríes,
Llamándola de amor ponzoña breve,
O madreperla hermosa de rubíes.
Al pecho, inquieta desazón de nieve,
Blanco, porque Cupido el blanco puso
En él, y en blanco te dejó el aleve.
Y di que venga un literato al uso,
Con su Luzán y el viejo estagirita,
Llamándote ridículo y confuso;
Que yo sabré con férula erudita
Hacerle que enmudezca arrepentido,
Por sectario de escuela tan maldita.
Así también hubiéramos vencido
El venusto rigor de esa tirana:
Tigre de rosa y alhelí vestido.

Mas quiero suponer que la inhumana
Rasgó tus ovillejos y canciones,
Y todas las tiró por la ventana.
No importa, así va bien. Luego compones
Diez o doce lloronas elegías,
Llenándola de oprobios y baldones.
No te puedo prestar ningunas mías,
Pero tres me dará cierto poeta,
Largas, eternas, y sin arte y frías.
Dirás que tanto la pasión te aprieta
Que mueres infeliz y desdeñado.
¡Inexorable amor! ¡fatal saeta!
El cuerpo dejarás al verde prado,
El alma al cielo de tu dama hermosa,
Y serás en su olvido sepultado.
Y en lugar de escribir: «Aquí reposa
Fabio, que se murió de mal de amores,
Culpa de una muchacha melindrosa».
Detendrás a las ninfas y pastores
Para que una razón prolija lean
De todas tus angustias y dolores.
Bien que los sabios, si adquirir desean
Fama y nombre inmortal, no solamente
En un sujeto su labor emplean.
Olvida, amigo, esa pasión doliente;
Hartas quejas oyó, que murmuraba
Con lengua de cristal pícara fuente.
No siempre el alma ha de gemir esclava.
Déjate ya de celos y rigores,
Y el grave empeño que elegiste acaba;
Que ya te ofrecen mil aparadores,
Trasformadas las salas en bodega,

Espíritus, aceites y licores.
Suena algazara; cada cual despega
Un frasco y otro; la embriagada gente
Empieza a improvisar... ¿Y quién se niega?
¿Qué vale componer divinamente
Con largo estudio en retirada estancia,
Si delirar no sabes de repente?
Cruzan las copas, y entre la abundancia
De los brindis alegres de Lieo,
Se espera de tu musa la elegancia.
Mira a Camilo, desgreñado y feo,
Ronca la voz, la ropa desceñida,
Lleno de vino y de furor pimpleo,
Cómo anima el festín, y la avenida
De coplas suyas con estruendo suena,
De todos los oyentes aplaudida.
La quintilla acabó; los vasos llena
Fiel asistente de licor precioso;
Vuelve a beber, y a desatar la vena.
«Bomba, bomba», repite el bullicioso
Concurso, y cuatro décimas vomita
Con pie forzado el bacanal furioso.
Y qué, ¿tú callarás? ¿Nada te excita
A mostrar de tu numen la afluencia,
Cuando la turba improvisante grita?
¿Temes? Vano temor. La competencia
No te desmaye, y las profundas tazas
Desocupa y escurre con frecuencia.
Ya te miro suspenso, ya adelgazas
El ingenio, y buscando consonante,
En hallarle adecuado te embarazas.
¿A qué fin? Con medir en un instante,

Aunque no digan nada, cuatro versos
Mezclados entre sí, será bastante.
¿Juzgas acaso que saldrán diversos
De los que dieron a Camilo fama,
O más duros tal vez, o más perversos?
No porque alguno Píndaro le llama,
Oyendo su incesante tarabilla,
Pienses que numen superior le inflama.
Los muchachos le siguen en cuadrilla
Pues su musa pedestre y juguetona
Es entretenimiento de la villa.
Si arrebatarle quieres la corona,
Y hacer que calle, escucha mis ideas,
Y estimarás al doble tu persona.
Chocarrero y bufón quiero que seas,
Cantor de cascabel y de botarga;
Verás que aplauso en Avapiés granjea.
Con tal autoridad, luego descarga
Retruécanos, equívocos, bajezas,
Y en ellas mezclarás sátira amarga.
Refranes usarás y sutilezas
En tus versillos, bufonadas frías,
Y mil profanaciones y torpezas.
Y esta compilación de boberías
Al público darás, de tomo en tomo,
Que ansioso comprará lo que le envías.
Porque el ingenio más agreste y romo
Con obras de esta especie se recrea,
Como tú con las gracias de Jeromo.
Mas si tu orgullo oscurecer desea
Al lírico famoso venusino,
Con quien tu preceptista me marea,

Aparta de sus huellas el camino,
Huye su estilo atado de pedante,
Que inimitable llaman y divino.
Canta en idioma enfático-crispante
De las deidades chismes celebrados,
Sin perdonar la barba del Tonante.
Pinta en Fenicia los alegres prados,
La niña de Agenor y sus doncellas
Los nítidos cabellos destrenzados,
Que, dando flores al abril sus huellas,
La orilla que de líquido circunda
Argento Doris, van pisando bellas;
Al motor de la máquina rotunda
Que enamorado pace entre el armento
La yerba, de que opaca selva abunda.
La ninfa al verle, ajena de espavento,
Orna los cuernos y la espalda preme,
Sin recelar lascivo tradimento.
Ya los recibe el mar; la virgen treme,
Y al juvenco los álgidos, undosos
Piélagos hace duro amor que reme.
Ella, los astros ambos lacrimosos,
Reciprocando aspectos cintilantes,
Prorrumpe en ululatos dolorosos;
Cuyas quejas en torno redundantes,
De flébiles ancilas repetidas,
Los antros duplicaron circunstantes.
Mas Creta ofrece playas extendidas,
Prónuba al dulce amplexo apetecido,
Pudicicias inermes ya vencidas.
Huye gozoso amor, y agradecido
Jove fecunda sóbole promete,

Que imperio ha de regir muy extendido.
Apolo, antojadizo mozalbete,
Asunto digno de tu canto sea,
Cuando tras Dafne intrépido arremete.
La locura también faetontea
Celebrarás, y el piélago combusto
Que en flagrantes incendios centellea.
Y muera de livor el zoilo adusto,
Al notar de estas obras los primores,
La dicción bella, el delicado gusto;
Al ver llamar estrellas a las flores,
Líquido plectro a la risueña fuente,
Y a los jilgueros prados voladores;
Vegetal esmeralda floreciente
Al fresco valle, y al undoso río
Sierpe sonora de cristal luciente.
Pero si has de llamarte alumno mío,
Despreciando de Laso la cultura,
Con ceño magistral y agrio desvío,
Habla erizada jerigonza oscura,
Y en gálica sintaxis mezcla voces
De añeja y desusada catadura,
Copiando de las obras que conoces
Aquella molestísima reata
De frases y metáforas feroces.
Con ella se confunde y desbarata
La hispana lengua, rica y elegante,
Y a Benengeli el más cerril maltrata,
Cualquiera escritorcillo petulante
Licencia tiene, sin saber el nuestro.
De inventar un idioma a su talante,
Que él solo entiende; y ensartando diestro

Sílabas, ya es autor y gran poeta,
Y de alumnos estúpido maestro.
Mas ya te llama el son de la trompeta,
De nuestros Cides los heroicos hechos,
Tanta nación a su valor sujeta.
Rompe, amigo, los vínculos estrechos,
Las duras reglas atropella osado,
Vencidos sus estorbos y deshechos.
Y el numen lleno de furor sagrado,
«Canto, dirás, el héroe furibundo,
A dominar imperios enseñado,
Que, dando ley al báratro profundo
Su fuerte brazo, sujetó invencible
La dilatada redondez del mundo».
Principio tan altísimo y horrible,
Proposición tan hueca y espantosa,
Que deje de agradar es imposible.
No como aquel que dijo: «Canta, diosa,
La cólera de Aquiles de Peleo,
A infinitos aquivos dolorosa»;
Porque el estilo inflado y giganteo,
Dejando a los lectores atronados,
Causa mudo estupor, llena el deseo.
Dos caminos te ofrezco, practicados
Ya por algunos admirablemente:
Escoge, que los dos son extremados.
Sigue la historia religiosamente,
Y conociendo a la verdad por guía,
Cosa no has de decir que ella no cuente.
No finjas, no, que es grande picardía;
Refiere sin doblez lo que ha pasado,
Con nimiedad escrupulosa y pía.

Y en todo cuanto escribas, ten cuidado
De no olvidar las fechas y las datas;
Que así lo debe hacer un hombre honrado.
Si el canto frigidísimo rematas,
Despediráste del lector prudente
Que te sufrió, con expresiones gratas,
Para que de tu libro se contente
Y guarde el fin del lánguido suceso,
De canto en canto, el mísero paciente.
Mas no imagines, Fabio, que por eso
Te aplaudirán tus versos desdichados;
Crítica sufrirán, zurra y proceso.
Dirán que los asuntos adornados
Con episodios y ficción divina
Se ven de tu epopeya desterrados;
Que es una historia insípida y mezquina,
Sin interés, sin fábula, sin arte;
Que el menos entendido la abomina.
Pero yo sé un ardid para salvarte,
Dejándolos a todos aturdidos;
Oye, que el nuevo plan voy a explicarte.
Después que entre centellas y estampidos
Feroz descargues tempestad sonora,
Y anuncies hechos ciertos o fingidos,
Exagera el volcán que te devora,
Que ceñirse del alma no consiente,
E invoca a una deidad tu protectora.
Luego amontonarás confusamente
Cuanto pueda hacinar tu fantasía,
En concebir delirios eminente.
Botánica, blasón, cosmogonía,
Náutica, bellas artes, oratoria,

Y toda la gentil mitología;
Sacra, profana, universal historia,
Y en esto, amigo, no andarás escaso,
Fatigando al lector vista y memoria.
Batallas pintarás a cada paso
Entre despechadísimos guerreros
Que jamás de la vida hicieron caso.
Mandobles ha de haber y golpes fieros,
Tripas colgando, sesos palpitantes,
Y muchos derrengados caballeros;
Desaforadas mazas de gigantes,
Deshechas puentes, armas encantadas,
Amazonas bellísimas errantes.
A espuertas verterás, a carretadas,
Descripciones de todo lo criado,
Inútiles, continuas y pesadas.
¡Oh, cómo espero que mi alumno amado
Ha de lucir el singular talento,
Febo, que a tu pesar ha cultivado!
¡Cuánta aventura, y cuánto encantamento!
¡Cuántos enamorados campeones!
¡Cuánto jardín y alcázar opulento!
Pondrás los episodios a millones;
Y el héroe miserable no parece,
Que no le encontrarán ni con hurones.
Pero, ¿cómo ha de ser, si le acontece
Que un mago en una nube le arrebata,
Y con él por los aires desparece?
En un valle oscurísimo remata
El viejo endemoniado su carrera,
Y al huésped a cumplidos le maltrata.
Baja a una gruta inhabitable y fiera,

Sepulcro de los tiempos que han pasado,
Y le entretiene allí, quiera o no quiera.
¡Cuánta vasija y unto preparado
Tiene! ¡Cuánto ingrediente venenoso,
Que al triste que lo ve deja admirado!
Allí le enseña en un artificioso
Cristal la descendencia dilatada
Que el nombre suyo ha de ilustrar famoso.
Y mira una ficción muy adecuada;
Pues aunque algún censor la culparía
De impertinente, absurda y dislocada,
Siempre logras con esta fechoría
El linaje ensalzar de tu Mecenas,
Que no te faltará, por vida mía.
Y si tales patrañas son ajenas
De su alcurnia, ¿qué importa? Si conviene,
Con Héctor el troyano la encadenas;
Porque un poeta facultades tiene
Sin límite ni cotos, escribiendo
Todo cuanto a la pluma se le viene.
Pero ya me parece que estoy viendo
Sobre un carro de fuego remontados
Los dos amigos que la van corriendo.
¡Válame Dios, y qué regocijados,
Gentes, ciudades, reinos populosos
Examinan, y climas ignorados!
De Libia los desiertos arenosos,
El hondo mar que hinchado se alborota,
Montes nevados, prados olorosos.
De la septentrional playa remota,
Al cabo que dobló Vasco de Gama,
El sabio Tragasmon registra y nota.

Vuelve después donde la ardiente llama
Del Sol se oculta, al expirar el día,
Dándole Tetis hospedaje y cama.
Y en su precipitada correría
Al huésped volador hace patente
Cuanto de Europa el ancho mar desvía.
Muda el auriga hacia el rosado oriente
El rumbo, y a los reinos de la aurora
Los lleva el carro de piropo ardiente.
Pero de un criticón me acuerdo ahora,
Grave, tenaz, ridículo, pedante,
Que vierte hiel su lengua detractora.
¡Cómo salta, de cólera al instante
Con estas invenciones! ¡Cual blasfema!
Si se llega a irritar, no hay quien le
aguante,
No quiere que haya encantos ¡linda tema!
Ni vestiglos, ni estatuas habladoras,
Y el libro en que lo halló, desgarra y
quema.
Si al héroe por acaso le enamoras
De una beldad que yace encastillada,
Guardándola un dragón a todas horas,
Y el caballero de una cuchillada
Al escamoso culebrón degüella,
Mi crítico infernal luego se enfada.
Ni hay que decirle que la tal doncella
Es hermana del sabio Malambruno,
El cual su doncellez así atropella;
Que a dura cárcel, soledad y ayuno
Por un chisme no más la ha reducido,
Sin que sepa sus lástimas ninguno.

No, señor, nada basta; enfurecido,
Contra el mísero autor se despepita,
Y en nada el inocente le ha ofendido.
«¡Abundancia infeliz! ¡vena maldita!»
Dice en horrenda voz, «que impetuosa
Como turbio raudal se precipita.
»El gusto y la razón, en verso, en prosa,
La invención rectifiquen; que sin esto
Jamás se acertará ninguna cosa.
»Mi patria llora el ejemplar funesto:
Su teatro en errores sepultado,
A la verdad y a la belleza opuesto,
»Muestra lo que produce el estrago
Talento que sin luz se descamina,
De la docta elección abandonado.
»Nuevo rumbo siguió, nueva doctrina
La hispana musa, y desdeñó arrogante
La humilde sencillez griega y latina.
»Dio a la comedia estilo retumbante,
Figurado, sutil o tenebroso,
De la debida propiedad distante.
»Halló en la escena el vulgo clamoroso
Pintadas y aplaudidas las acciones
A que le inclina su vivir vicioso.
»Y en vez de dar un freno a sus pasiones
En la enseñanza de verdades puras,
Mezcladas entre honestas invenciones,
»Oye solo mentiras y locuras,
Celebra y paga enormes desaciertos,
Y de juicio y moral se queda a oscuras.
»¡Qué es ver saltar entre hacinados
muertos,

Hecha la escena campo de batalla,
A un paladín, enderezando tuertos!
»¡Qué es ver, cubierta de loriga y malla,
Blandir el asta a una mujer guerrera,
Y hacer estragos en la infiel canalla!
»A cada instante hay duelos y quimeras
Sueños terribles que se ven cumplidos,
Fatídico puñal, fantasma fiera,
»Desfloradas princesas, aturdidos
Enamorados, ronda, galanteo,
Jardín, escala y celos repetidos;
»Esclava fiel, astuta en el empleo
De enredar una trama delincuente,
Y conducir amantes al careo.
»Allí se ven salir confusamente
Damas, emperadores, cardenales,
Y algún bufón pesado e insolente.
»Y aunque son a su estado desiguales,
Con todos trata, le celebran todos,
Y se mezcla en asuntos principales.
»Allí se ven nuestros abuelos godos,
Sus costumbres, su heroica bizarría,
Desfiguradas de diversos modos.
»Todo arrogancia y falsa valentía:
Todos jaques, ninguno caballero,
Como mi patria los miró algún día.
»No es más que un mentecato pendenciero
El gran Cortés, y el hijo de Jimena
Un baladrón de charpas y jifero.
»Cinco siglos y más, y una docena
De acciones junta el numen ignorante
Que a tanto delirar se desenfrena.

»Ya veis los muros de Florencia o Gante;
Ya el son del pito los trasforma al punto
En los desiertos que corona Atlante.
»Luego aparece amontonado y junto
(Así lo quiere mágico embolismo)
Dublín y Atenas, Menfis y Sagunto.
»Pero ¿qué mucho, si en el drama mismo
Se ven patentes las eternas penas
Y el ignorado centro del abismo,
»Las llamas, pinchos, garfios y cadenas,
Repitiéndose mísero lamento
Por las estancias de dolores llenas?
»¡Oh, qué abominación!» dice el san-
griento
Censor injusto; y dando manotadas,
Se levanta furioso del asiento.
Estas críticas, Fabio, son dictadas
Por envidia y no más, si bien lo miras,
Y no deben de ti ser escuchadas.
Las que repasas sin cesar y admiras
Insignes obras, a pesar de ingratos,
Te llevarán al término a que aspiras.
Más te prometo: los alegres ratos
Que te visite el apolíneo coro
No los has de vender nada baratos.
Pues, aunque el tema popular no ignoro,
De que Cintio corona a los poetas
De verde lauro, y no de perlas y oro,
Las más descabelladas e indiscretas
Farsas te llenarán de patacones
Los desollados cofres y gavetas.
Sí, Fabio, las obrillas que dispones

Las hemos de vender todas al peso;
Y algo me tocará por mis lecciones.
Tu vena redundante hasta el exceso,
Que no conoce reglas ni camino,
Es lo que se requiere para eso.
Suelta toda la presa del molino:
Haz comedias sin número, te ruego,
Y vaya en cada frase un desatino.
Escribe dos, y luego siete, y luego
Imprime quince, y trama diez y nueve,
Y a tu musa venal no des sosiego.
Harás que horrendos fabulones lleve
Cada comedia y casos prodigiosos;
Que así el humano corazón se mueve.
Salga el carro del Sol, y los fogosos
Flegón y Etonte; salga Citerea
Mayando en estribillos enfadosos.
Diversa acción cada jornada sea
Con su galán, su dama, y un criado
Que en dislates insípidos se emplea.
Echa vanos escrúpulos a un lado,
Llena de anacronismos y mentiras
El suceso que nadie habrá ignorado.
Y si a agradar al auditorio aspiras,
Y que sonando alegres risotadas,
Él te celebre cuando tú deliras,
Del muro arrojen a las estacadas
Moros de paja, si el asalto ordenas,
Y en ellos el gracioso dé lanzadas.
Si del todo la pluma desenfrenas,
Date a la magia, forja encantamentos,
Y salgan los diablillos a docenas.

Aquí un palacio vuele por los vientos,
Allí un vejete se trasforme en rana;
Todo asombro ha de ser, todo portentos.
De la historia oriental, griega y romana
Copiarás los varones celebrados,
Que el pueblo admitirá de buena gana.
Héctor, Ciro, Catón, y los soldados
Fuertes de Aníbal, con su jefe adusto,
Todos los pintarás enamorados.
Verás qué diversión, verás qué gusto,
Cuando lloren de Fátima el desvío
Tarif, o Muza, o Alcamán robusto,
Que ciegos de amoroso desvarío,
La llaman en octavas y en tercetos
Mi bien, mi vida, encanto dulce mío.
Tus galanes serán todos discretos;
Y la dama, no menos bachillera,
Metáforas derrame y epítetos.
¡Qué gracia verla hablar como si fuera
Un doctor in utroque! Ciertamente
Que esto es un pasmo, es una borrachera,
Ni busques lo moral y lo decente
Para tus dramas, ni tras ello sudes;
Que allí todo se pasa y se consiente.
Todo se desfigura, no lo dudes:
Allí es heroicidad la altanería,
Y las debilidades son virtudes.
Y lo que Poncio alguna vez decía,
De que el pudor se ofende y el recato...
Pero ¡qué! si es aquélla su manía.
Mil lances ha de haber por un retrato.
Una banda, una joya, un ramillete;

Con lo de infiel, traidor, aleve, ingrato.
La dama ha de esconder en su retrete
A dos o tres galanes rondadores,
Preciado cada cual de matasiete.
Riñen, y salta por los corredores
El uno de ellos al jardín vecino,
Y encuentra allí peligros no menores.
El padre, oyendo cuchilladas, vino;
Y aunque es un tanto cuanto malicioso,
Traga el enredo que Chichón previno.
Pero un primo frenético y celoso
Lo vuelve a trabucar de tal manera
Que el viejo está de cólera furioso.
Salen todos los yernos allí fuera;
La dama escoge el suyo, y la segunda
Se casa de rondón con un cualquiera.
¡Oh vena sin igual, rara y fecunda,
La que tales primores recopila,
Y en lances tan recónditos abunda!
Esto debes hacer, esto se estila;
Y váyase Terencio a los orates,
Con Baquis, Menedemo y Antifila;
Que por él y otros pocos botarates,
Cobra la osada juventud espanto,
Y se malogran furibundos vates.
Tú, dichoso mortal, prepara en tanto,
Para ser celebérrimo poeta,
El numen y las sílabas al canto.
La cítara sonante, la trompeta,
Y la cómica máscara bufona,
Llena de variedad y chanzoneta,
Te alzarán a la cumbre de Helicona,

Donde cercado de las nueve hermanas
Luces despide el hijo de Latona.
Mas cuando con sus manos soberanas
De laurel te corone, ten sabido,
Fabio, a quien debes el honor que ganas,
Y agradécelo a mí, que te he instruido.

Libros a la carta

A la carta es un servicio especializado para
empresas,
librerías,
bibliotecas,
editoriales
y centros de enseñanza;
y permite confeccionar libros que, por su formato y concepción, sirven a los propósitos más específicos de estas instituciones.

Las empresas nos encargan ediciones personalizadas para marketing editorial o para regalos institucionales. Y los interesados solicitan, a título personal, ediciones antiguas, o no disponibles en el mercado; y las acompañan con notas y comentarios críticos.

Las ediciones tienen como apoyo un libro de estilo con todo tipo de referencias sobre los criterios de tratamiento tipográfico aplicados a nuestros libros que puede ser consultado en Linkgua-ediciones.com.

Linkgua edita por encargo diferentes versiones de una misma obra con distintos tratamientos ortotipográficos (actualizaciones de carácter divulgativo de un clásico, o versiones estrictamente fieles a la edición original de referencia).

Este servicio de ediciones a la carta le permitirá, si usted se dedica a la enseñanza, tener una forma de hacer pública su interpretación de un texto y, sobre una versión digitalizada «base», usted podrá introducir interpretaciones del texto fuente. Es un tópico que los profesores denuncien en clase los desmanes de una edición, o vayan comentando errores de interpretación de un texto y esta es una solución útil a esa necesidad del mundo académico.

Asimismo publicamos de manera sistemática, en un mismo catálogo, tesis doctorales y actas de congresos académicos, que son distribuidas a través de nuestra Web.

El servicio de «libros a la carta» funciona de dos formas.

1. Tenemos un fondo de libros digitalizados que usted puede personalizar en tiradas de al menos cinco ejemplares. Estas personalizaciones pueden ser de todo tipo: añadir notas de clase para uso de un grupo de estudiantes, introducir logos corporativos para uso con fines de marketing empresarial, etc. etc.

2. Buscamos libros descatalogados de otras editoriales y los reeditamos en tiradas cortas a petición de un cliente.

www.ingramcontent.com/pod-product-compliance
Lightning Source LLC
Chambersburg PA
CBHW020444030426
42337CB00014B/1387